المدرسة - escola 2
سفر - viatge 5
نقل - transport 8
مدينة - ciutat 10
طبيعة ريفية - paisatge 14
مطعم - restaurant 17
سوبرماركت - supermercat 20
مشروبات - begudes 22
طعام - menjar 23
مزرعة - granja 27
بيت - casa 31
غرفة جلوس - sala d'estar 33
مطبخ - cuina 35
الحمّام - bany 38
غرفة الأطفال - cambra dels nens 42
ثياب - roba 44
مكتب - oficina 49
اقتصاد - economia 51
المهَن - oficis 53
عدة عمل - eines 56
آلات موسيقية - instrument de música 57
حديقة حيوانات - zoo 59
رياضة - esports 62
نشاطات - activitats 63
عائلة - família 67
الجسم - cos 68
المستشفى - hospital 72
حالة - urgència 76
أرض - terra 77
ساعة - rellotge 79
أسبوع - setmana 80
سنة - any 81
أشكال - formes 83
ألوان - colors 84
الأضداد - oposats 85
أرقام - nombres 88
اللغات - idiomes 90
من / ماذا / كيف - qui / què / com 91
أين - on 92

AF081931

Impressum
Verlag: BABADADA GmbH, Nedderfeld 112 , 22529 Hamburg
Geschäftsführer / Verlagsleitung: Harald Hof
Druck: Books on Demand GmbH, In de Tarpen 42, 22848 Norderstedt

Imprint
Publisher: BABADADA GmbH, Nedderfeld 112 , 22529 Hamburg, Germany
Managing Director / Publishing direction: Harald Hof
Print: Books on Demand GmbH, In de Tarpen 42, 22848 Norderstedt, Germany

1

المدرسة
escola

- يقسم / dividir
- اللوح / tauler
- القسم / classe
- باحة المدرسة / pati de l'escola
- المعلم / professor
- ورقة / paper
- القلم / estilogràfica
- طاولة المكتب / escriptori
- يكتب / escriure
- المسطرة / regle
- الكتاب / llibre
- التلميذ / estudiant

الحقيبة المدرسية
bossa

المقلمة
estoig

قلم الرصاص
llapis

البراية
maquineta de fer punta

الممحاة
goma

دفتر الرسم
bloc de dibuix

الرسمة
dibuix

الفرشاة
pinzell

علبة التلوين
capsa de pintures

المقص
tisores

المادة اللاصقة
cola

دفتر التمارين
llibre d'exercicis

الواجب المدرسي
deures

الرقم
nombre

يجمع
afegir

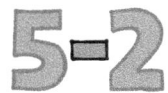

يطرح
sostreure

يضرب
multiplicar

يحسب
calcular

الحرف
lletra

الأبجدية
alfabet

كلمة
mot

المدرسة - escola

النص

text

يقرأ

llegir

الطبشور

guix

الحصة

lliçó

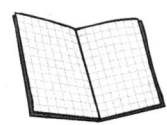

دفتر الدوام المدرسي

llibre de classe

الامتحان

examen

شهادة

certificat

اللباس المدرسي

uniforme escolar

التعليم

formació

الموسوعة

enciclopèdia

الجامعة

universitat

المِجهر

microscopi

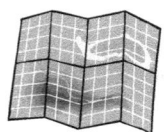

الخريطة

mapa

قماما

paperera

سفر
viatge

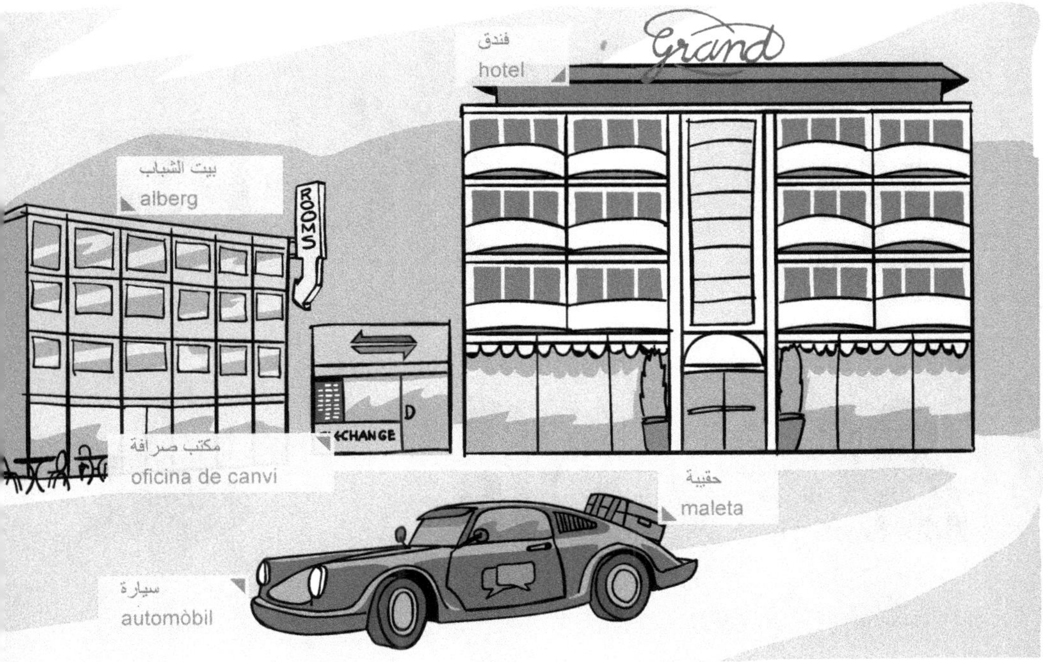
فندق
hotel
Grand
بيت الشباب
alberg
ROOMS
مكتب صرافة
oficina de canvi
EXCHANGE
حقيبة
maleta
سيارة
automòbil

اللغة

idioma

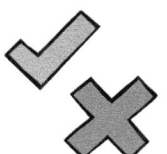

نعم / لا

sí / no

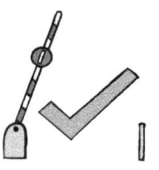

حسناً

D'acord

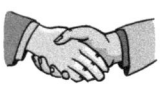

مرحباً

salut

مترجم

traductor

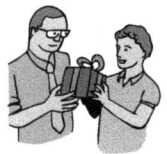

شكراً

gràcies

كم ثمن ... ؟
Quant costa… ?

لا أفهم
No entenc

مشكلة
problema

مساء الخير
Bona nit!

صباح الخير!
bon dia!

ليلة سعيدة
bona nit!

إلى اللقاء
fins aviat

اتجاه
direcció

أمتعة السفر
bagatge

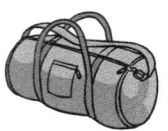

حقيبة
butxaca

حقيبة ظهر
sarrona

ضيف
convidat

غرفة
cambra

كيس للنوم
sac de dormir

خيمة
tenda

سفر - viatge

استعلامات سياحية

informació per al turista

شاطئ

platja

بطاقة ائتمان

carta de crèdit

إفطار

esmorzar

طعام الغداء

dinar

العشاء

sopar

بطاقة سفر

bitllet

مصعد

ascensor

طابع بريدي

segell

حدود

frontera

الجمارك

duana

سفارة

ambaixada

تأشيرة

visat

جواز سفر

passaport

سفر - viatge

نقل

transport

طائرة
vol
سفينة
vaixell
سيارة إطفاء
automòbil dels bombers
حافلة
bus
سيارة شاحنة
camió
زورق آلي
llanxa de motor
درّاجة
bicicleta
سيارة
automòbil

عبارة

transbordador

قارب

barca

دراجة نارية

moto

سيارة شرطة

automòbil de policia

سيارة سباق

automòbil de curses

سيارة مستأجرة

automòbil de lloguer

أسلوب تشاركي في استئجار السيا

manlleu de vehicles

سيارة للجر

grua

سيارة نقل القمامة

camió de les escombraries

محرك

motor

وقود

benzina

محطة وقود

benzineria

إشارة مرور

senyal de trànsit

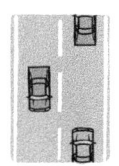

حركة السير

trànsit

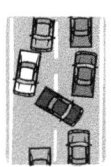

ازدحام سير

embús

موقف سيارات

aparcament

محطة قطار

estació de trens

سكك حديدية

vies

قطار

tren

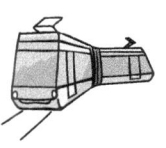

ترام

tramvia

عربة قطار

vagó

طائرة مروحية
helicòpter

مطار
aeroport

برج
torre

مسافر
passatger

حاوية
contenidor

علبة كرتون
capsa de cartó

عربة يد
carretó

سلة
cistella

يقلع / يهبط
enlairar-se / aterrar

مدينة
ciutat

قرية
poble

مركز المدينة
centre de la ciutat

بيت
casa

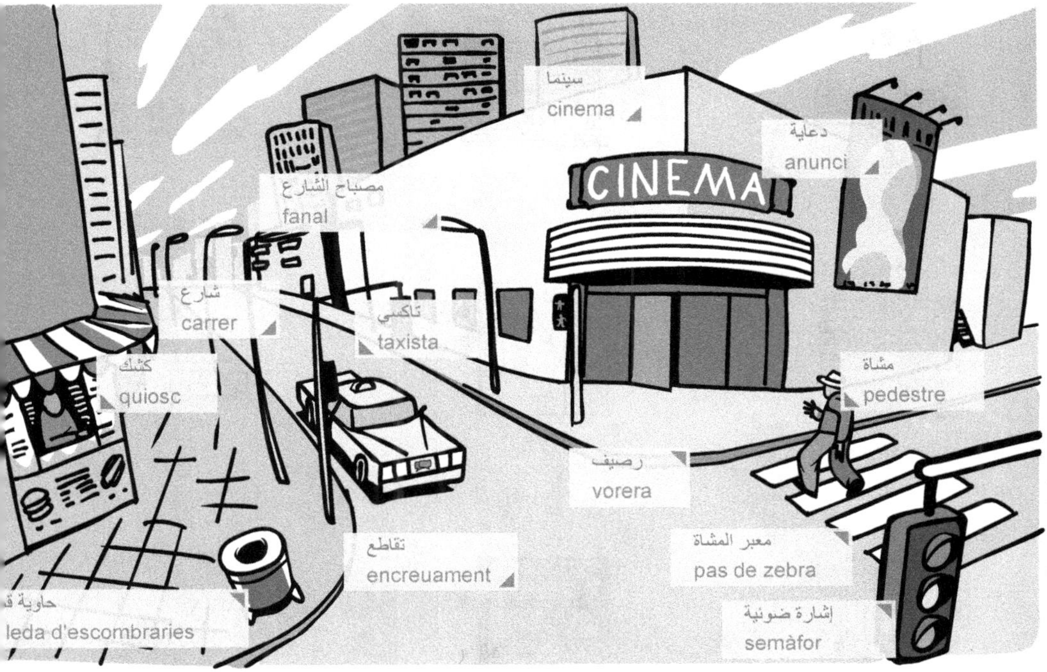

سينما
cinema
دعاية
anunci
CINEMA
مصباح الشارع
fanal
شارع
carrer
تاكسي
taxista
كشك
quiosc
مشاة
pedestre
رصيف
vorera
تقاطع
encreuament
معبر المشاة
pas de zebra
حاوية ق
leda d'escombraries
إشارة ضوئية
semàfor

كوخ

cabana

شقة

apartament

محطة قطار

estació de trens

دار البلدية

casa de la vila-ciutat

متحف

museu

المدرسة

escola

الجامعة

....

universitat

مصرف

....

banca

المستشفى

....

hospital

فندق

....

hotel

صيدلية

....

farmàcia

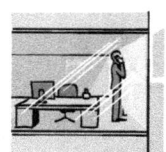

مكتب

....

oficina

مكتبة

....

llibreria

متجر

....

botiga

محل لبيع الزهور

....

floristeria

سوبرماركت

....

supermercat

سوق

....

mercat

متجر كبير

....

grans magatzems

تاجر السمك

....

peixater

مركز تسوق

....

centre comercial

ميناء

....

port

حديقة عامة

parc

مقعد

banc

جسر

pont

درج، سلم

escala

مترو

metro

نفق

túnel

موقف حافلات

baixada d'autobús

بار

bar

مطعم

restaurant

صندوق البريد

bústia de correu

لافتة باسم الشارع

senyal indicador

مقياس زمن الوقوف

parquímetre

حديقة حيوانات

zoo

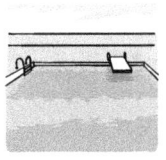

مسبح

piscina

مسجد

mesquita

مدينة - ciutat

مزرعة
granja

تلوث البيئة
pollució

مقبرة
cementiri

كنيسة
església

ملعب الأطفال
parc infantil

معبد
temple

طبيعة ريفية
paisatge

- ورقة / fulla
- علامة إرشاد / cartell indicador
- طريق / camí
- مرج / prat
- حجر / pedra
- شجرة / arbre
- رحالة / excursionista
- نهر / riu
- عشب / gespa
- زهرة / flor

واد

....

vall

جبل

....

muntanya

بحيرة

....

llac

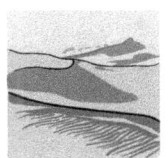

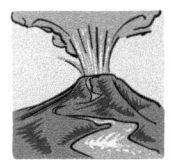

غابة

....

bosc

صحراء

....

desert

بركان

....

volcà

قلعة

....

castell

قوس قزح

....

arc de Sant Martí

فِطر

....

bolet

نخلة

....

palmera

بعوض

....

moscard

ذبّانة

....

mosca

نملة

....

formiga

نحلة

....

abella

عنكبوت

....

aranya

خنفساء

escarabat

ضفدعة

granota

سنجاب

esquirol

قنفذ

eriçó

أرنب

llebre

بومة

òliba

عصفور

ocell

بجعة

cigne

خنزير برّي

senglar

غزال

cervo

إلكة

ant

سد

presa

دولاب الطاحونة الهوائية

turbina

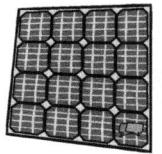

خلية شمسية

panell solar

مناخ

clima

طبيعة ريفية - paisatge

مطعم
restaurant

نادل / cambrer

لائحة الطعام / menú

كرسي / cadira

حساء / sopa

بيتزا / pizza

أدوات المائدة / coberts

غطاء المائدة / tovalla

مقبلات
primer plat

الصحن الرئيسي
plat principal

حلوى أو فاكهة بعد الطعام
darreries

مشروبات
begudes

طعام
menjar

زجاجة
ampolla

مطعم - restaurant 17

وجبات سريعة menjar ràpid	طعام الشارع menjar de carrer	إبريق الشاي tetera
	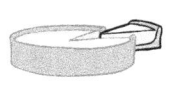	
علبة السكر sucrer	حصّة porció	آلة الإسبريسو màquina d'espresso

كرسي عالٍ trona	فاتورة factura	صينية safata
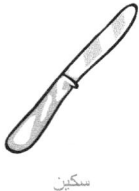		
سكين ganivet	شوكة forquilla	ملعقة cullera

ملعقة الشاي cullereta	منديل المائدة tovalló	كأس got

مطعم - restaurant

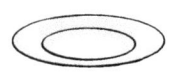
صحن
plat

صحن الحساء
plat de sopa

صحن الفنجان
plateret

صلصة
salsa

مملحة
saler

مطحنة الفلفل
molinet de pebre

خلّ
vinagre

زيت الطعام
oli

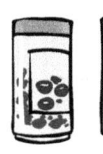
توابل
espècies

كتشاب
quètxup

خردل
mostassa

مايونيز
maionesa

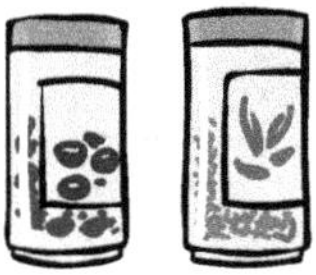

مطعم - restaurant

سوبرماركت

supermercat

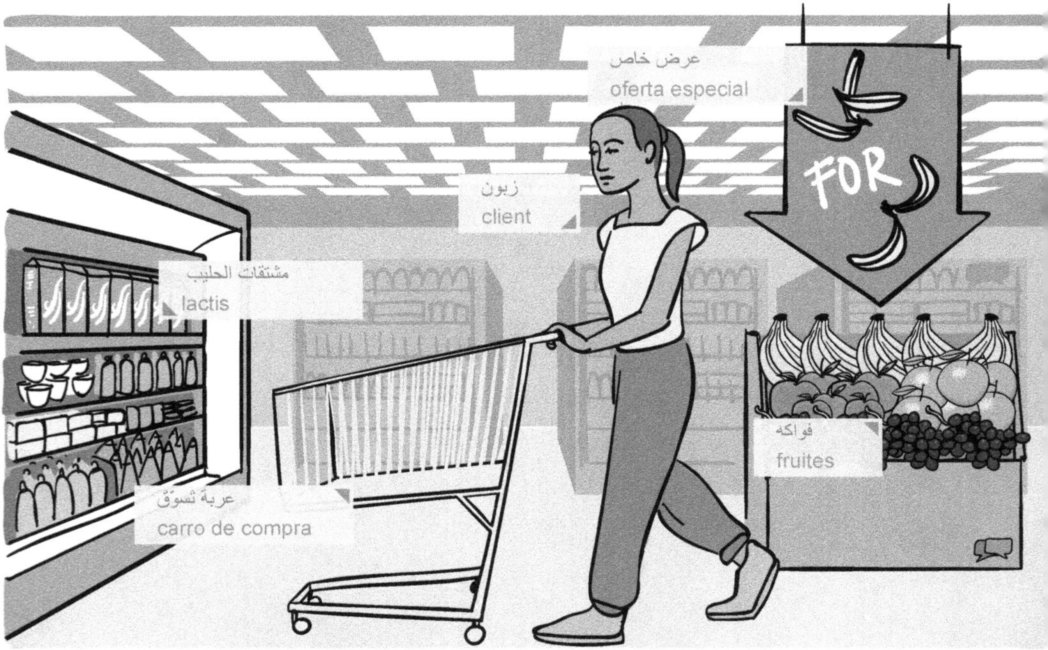

عرض خاص
oferta especial
FOR
زبون
client
مشتقات الحليب
lactis
فواكه
fruites
عربة تسوّق
carro de compra

BUTCHERS

جزّار

carnisseria

BAKERY

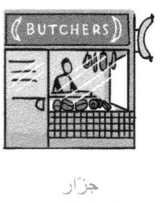

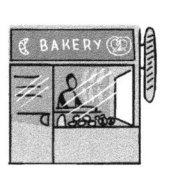

مخبز

forn de pa

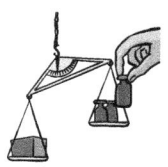

يزن

moure

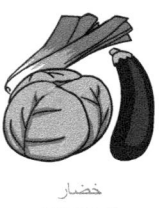

خضار

verdures

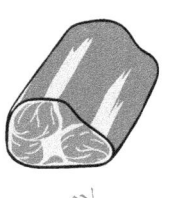

لحم

carn

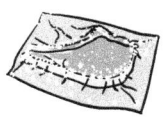

المأكولات المجمّدة

menjar congelat

مرتدلا أو جبن
carn freda

معلبات
conserves

مسحوق الغسيل
detergent en pols

حلويات
dolços

المواد المنزلية
articles domèstics

منظفات
productes de neteja

بائعة
venedora

صندوق الحساب
caixa registradora

أمين صندوق
caixer

قائمة المشتريات
llista de la compra

أوقات العمل
horari d'obertura

محفظة النقود
portamonedes

بطاقة ائتمان
carta de crèdit

حقيبة
bossa

كيس بلاستيكي
bossa de plàstic

سوبرماركت - supermercat

مشروبات
begudes

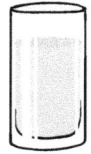
ماء
aigua

عصير
suc

حليب
llet

كولا
coca-cola

نبيذ
vi

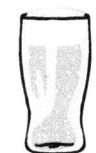
بيرة
cervesa

كحول
alcohol

كاكاو
cacau

شاي
te

قهوة
cafè

قهوة إسبريسو
espresso

كابوتشينو
cappuccino

طعام
menjar

موزة

banana

تفاح

poma

برتقال

taronja

بطيخ

síndria

ليمون

llimona

جزرة

pastanaga

ثوم

all

خيزران

bambú

بصل

ceba

فطر

bolet

لوزيات

avellanes

شعيرية

fideus

سباغيتي	أرزّ	سلطة
espaguetis	arròs	amanida

بطاطا مقلية	بطاطا مقلية	بيتزا
patates fregides	patates fregides	pizza

هامبورغر	ساندويش	شريحة لحم مقلية
hamburguesa	entrepà	escalopa
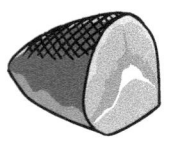		
لحم خنزير	سلامي	سجق
cuixot	salami	salsitxa

دجاج	لحم محمر	سمك
pollastre	rostit	peix

طعام - menjar

دقيق الشوفان	موسلي	كورن فلكس
flocs de civada	musli	cereals

طحين	كرواسان	خبز صغير
farina	croissant	panet
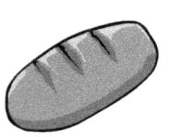		
خبز	خبز محمص	بسكويت
pa	torrada	bescuits
		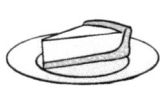
زبدة	لبن زبادي	كعكة
mantega	quallada	pastis
		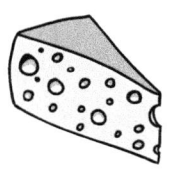
بيضة	بيض مقلي	جبنة
ou	ou fregit	formatge

طعام - menjar

مثلجات	سكر	عسل
gelat	sucre	mel

مربى الفاكهة	كريم النوغا	الكاري
melmelada	crema de xocolata	curri

مزرعة
granja

بيت الفلاح / granja
مخزن غلال / graner
رزمة من التبن / bala de palla
حقل / camp
حصان / cavall
مقطورة / remolc
مهر / poltre
جرار / tractor
حمار / ase
خروف / xai
خروف / ovella

ماعز
cabra

بقرة
vaca

عجل
vedella

خنزير
porc

خنزير صغير
garrí

ثور
bou

إوزّة

oca

بطة

ànec

صوص

poll

دجاجة

gall

ديك

gallina

جرذ

rata

قطّة

gat

فأر

ratolí

ثور

bou

كلب

gos

كوخ الكلب

gossera

خرطوم الحديقة

mànega de reg

إبريق

regadora

منجل

dalla

المحراث

arada

منجل

falç

معزقة

aixada

مذراة الزبل

rastell

بلطة

destral

عربة يد

carretó

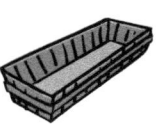

معلف

abeurador

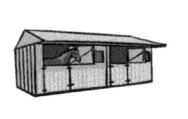

صفيحة الحليب

lletera

كيس

sac

سياج

tanca

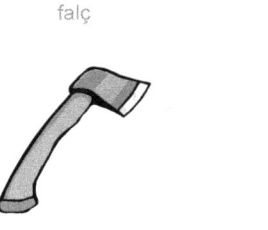

اصطبل

establa

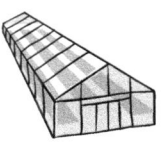

دفيئة

hivernacle

تربة

sòl

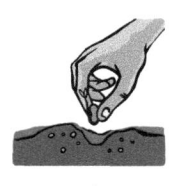

بذور

llavor

سماد

adob

حصّادة درّاسة

collidora

يحصد
collir

محصول
collita

بطاطا يامس
nyam

قمح
blat

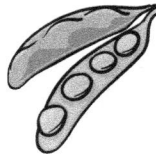
صويا
soja

بطاطا
patata

ذرة
blat de moro o d'indi

سلجم
colza

شجرة فاكهة
arbre fruiter

نبات منيهوت
mandioca

الحبوب
cereals

granja - مزرعة

بيت
casa

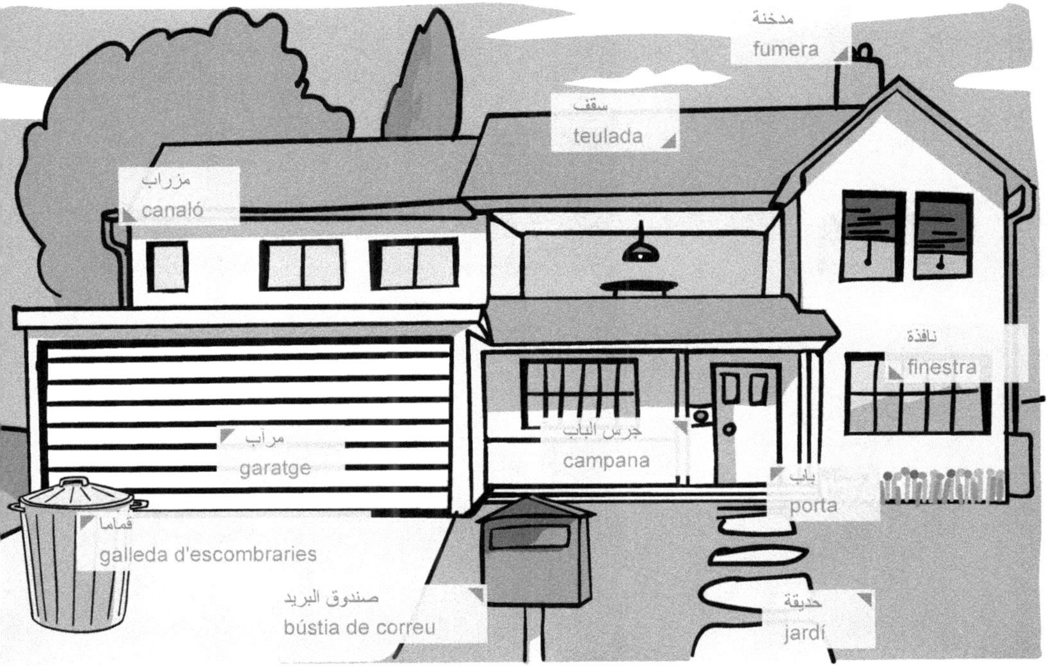

مدخنة — fumera
سقف — teulada
مزراب — canaló
نافذة — finestra
مرآب — garatge
جرس الباب — campana
باب — porta
قمامة — galleda d'escombraries
صندوق البريد — bústia de correu
حديقة — jardí

غرفة جلوس
sala d'estar

الحمّام
bany

مطبخ
cuina

غرفة النوم
cambra de dormir

غرفة الأطفال
cambra dels nens

غرفة الطعام
menjador

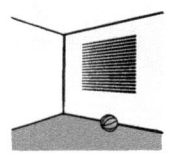

أرضية

sòl

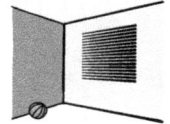

حائط

paret

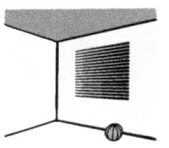

سقف

sostre

قبو

soterrani

ساونا

sauna

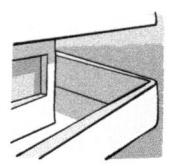

بلكون

balcó

شرفة

terrassa

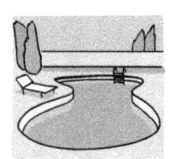

مسبح

piscina

جزازة العشب

tallagespa

بياضات السرير

cobertor

بطانية

cobrellit

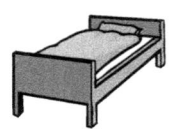

سرير

llit

مكنسة

escombra

سطل

galleda

مفتاح كهربائي

interruptor

casa - بيت

غرفة جلوس

sala d'estar

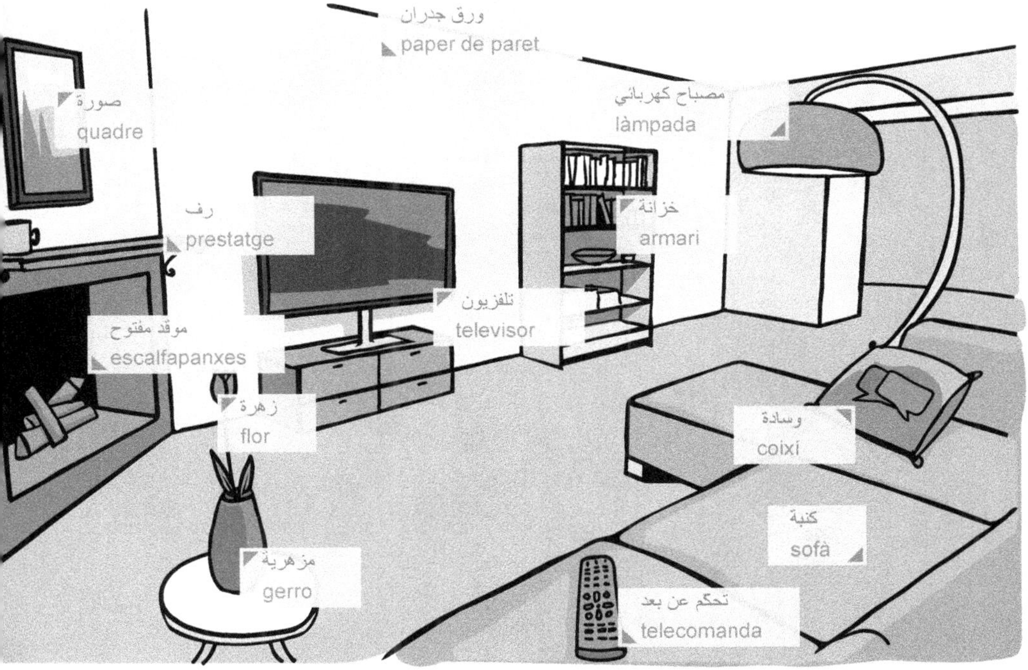

ورق جدران
paper de paret
صورة
quadre
مصباح كهربائي
làmpada
رف
prestatge
خزانة
armari
تلفزيون
televisor
موقد مفتوح
escalfapanxes
زهرة
flor
وسادة
coixí
كنبة
sofà
مزهرية
gerro
تحكم عن بعد
telecomanda

بصاط

catifa

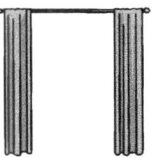

ستارة

cortina

طاولة

taula

كرسي

cadira

كرسي هزّاز

balancí

كرسي ذو ذراعين

butaca

الكتاب llibre	بطانية llençol	زخرفة decoració

الحطب foguera	فيلم film	تجهيزات ستيريو cadena de música

مفتاح clau	جريدة diari	لوحة مرسومة pintura

مُلصق cartell	راديو ràdio	دفتر ملاحظات bloc de notes

المكنسة الكهربائية aspiradora	صبّار cactus	شمعة candela

sala d'estar - غرفة جلوس

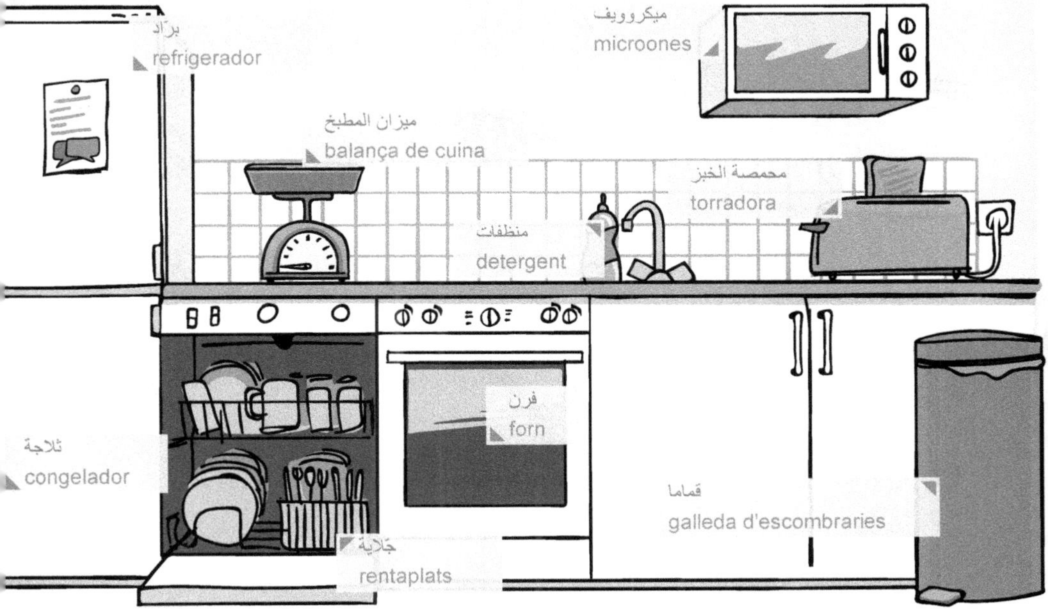

مطبخ
cuina

- براد / refrigerador
- ميكرووايف / microones
- ميزان المطبخ / balança de cuina
- محمصة الخبز / torradora
- منظفات / detergent
- فرن / forn
- ثلاجة / congelador
- قمامة / galleda d'escombraries
- جَلاية / rentaplats

موقد
fogons

قدر
olla

وعاء من الحديد
olla de ferro colat

قدر صيني
wok / karahi

مقلاة
paella

غلاية
bullidor

قدر البخار
olla de vapor

صينية
safata de forn

أواني
vaixella

فنجان
tassó

صحن
bol

عيدان الأكل
bastonets xinesos

مغرفة
culler

ملعقة منبسطة
espàtula

خفاقة
batedor

مصفاة
colador

مصفاة
sedàs

مبشرة
ratllador

هاون
morter

شواء
barbacoa

موقد
fogó

مطبخ - cuina

لوح التقطيع

....

taula de tallar

نشّابة

....

corró

مفتاح الزجاجات

....

llevataps

علبة

....

pot de conserva

مفتاح العلب المعدنية

....

obridor

قماش الفرن

....

agafador

مجلى

....

aigüera

فرشاة

....

raspall

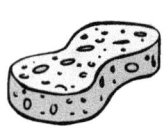

إسفنج

....

esponja

خلاط

....

batedora

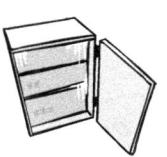

مجمّدة

....

congelador

زجاجة الطفل

....

biberó

صنبور الماء

....

aixeta

الحمّام

bany

دوش
dutxa
تدفئة
calefacció
منشفة
tovallola
ستارة الدوش
cortina de dutxa
حمام رغوة
bany de bombollles
حوض الحمام
banyera
كاس
got
غسّالة
rentadora
صنبور الماء
aixeta
بلاط
rajoles
قفازات مطاطية
orinal
مجلى
aigüera

حمام

lavabo

مرحاض القرفصاء

lavabo turc

حوض التشطيف

bidet

مبولة

orinador

ورق المرحاض

paper higiènic

فرشاة الحمام

escombreta de sanitari

38 الحمّام - bany

فرشاة الأسنان
raspall de dents

معجون الأسنان
pasta de dents

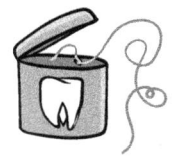
خيط حرير لتنظيف الأسنان
fil dental

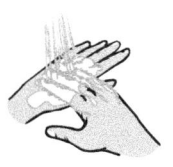
يغسل
rentar

رشاش ماء يدوي
dutxa

شطاف
dutxa íntima

حوض الغسيل
rentamans

فرشاة الظهر
raspall per a l'esquena

صابون
sabó

جيل الدوش
gel de dutxa

شامبو
xampú

ممسحة
tovalloleta

مصرف للماء
escorredor

مرهم
crema

مزيل الروائح
desodorant

الحمّام - bany

مرآة
mirall

مرآة يد
mirall-espill de mà

موس حلاقة
maquineta de rasar

رغوة الحلاقة
espuma de barbejar

كولونيا
loció post-rasada

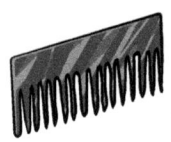
مشط
pinta

فرشاة
raspall

سشوار
eixugador

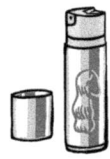
مثبت للشعر
laca

ماكياج
maquillatge

روج
pintallavis

طلاء أظافر
esmalt d'ungles

قطن
cotó

مقص أظافر
tallaungles

عطر
perfum

الحمّام - bany

سلّة الغسيل

necesser

مقعد صغير

tamboret

ميزان

bàscula

معطف الحمام

barnús

قفازات مطاطية

guants de goma

سدادة قطنية

tampó

منشفة صحية

compresa

توالیت كيميائية

sanitari químic

bany - الحمّام

غرفة الأطفال
cambra dels nens

بالون

balό

سرير

llit

عربة الأطفال

cotxet per a nens

لعبة الورق

joc de cartes

أحجية

trencaclosca

رسوم هزلية

historieta

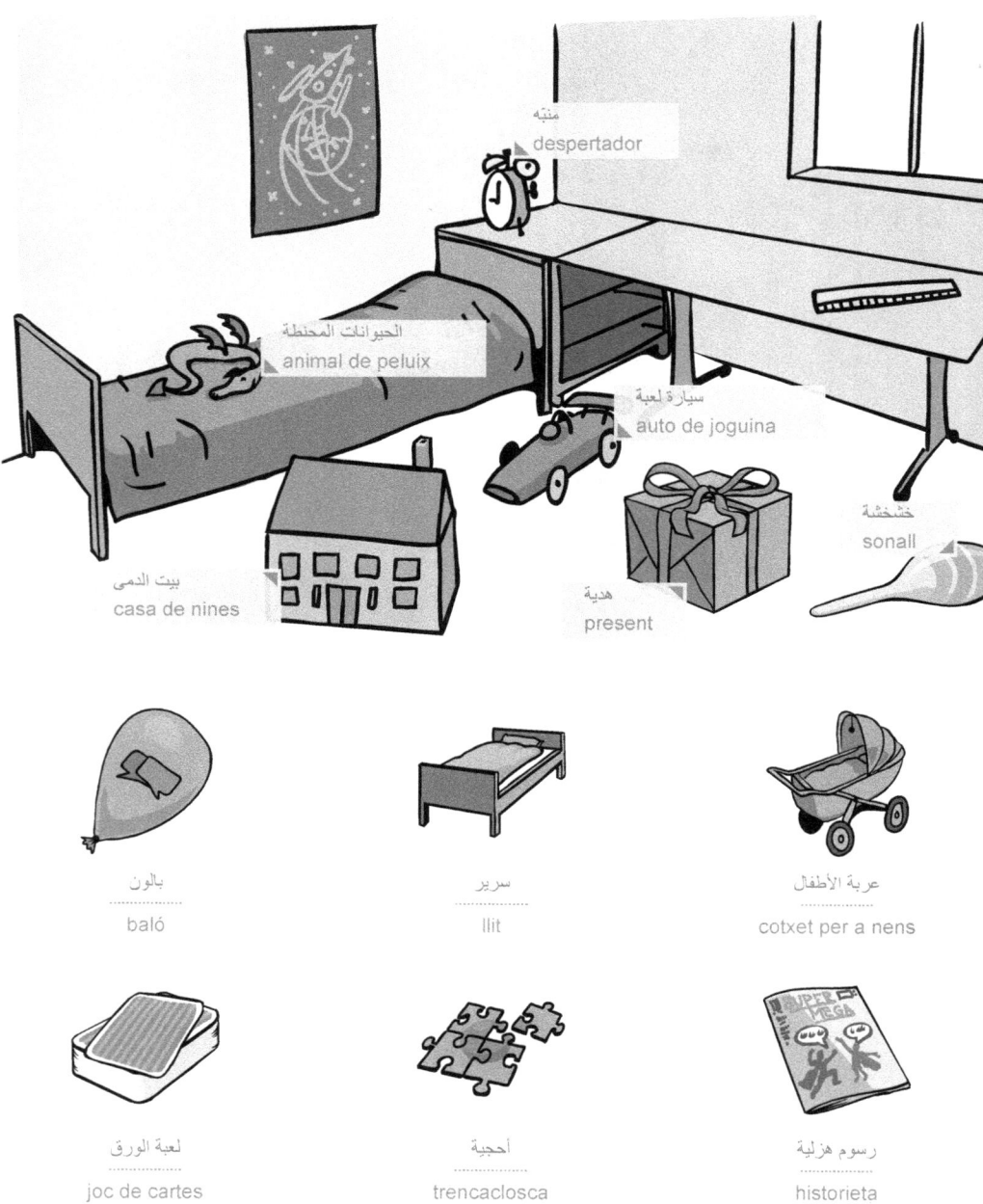

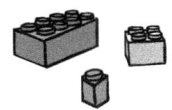

أحجار الليغو

peces de lego

حجارة تركيب

pedres de construcció

دمية بطل

ninot d'acció

لباس الطفل

vestit d'una peça

فريسبي

frisbee

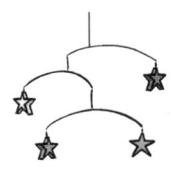

دمية معلقة

mòbil per a bressol

لعبة الطاولة

joc de taula

لعبة النرد

daus

لعبة قطار

tren elèctric

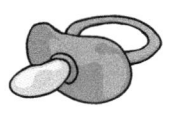

مصّاصة

xucleta

حفلة

festa

كتاب مصوّر

llibre de dibuixos

كرة

pilota

دمية

nina

يلعب

jugar

ملعب رملي للأطفال
sorrera

أرجوحة
gronxador

لعبة
joguines

ألعاب فيديو
consola de jocs de vídeo

دراجة ثلاثية
tricicle

دمية على شكل الدب
osset de pelfa

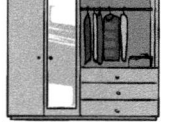
خزانة الثياب
armari

ثياب
roba

جوارب قصيرة
mitjons

جوارب طويلة
mitges

جورب بنطلون
panti

صندل
....
sandàlies

حذاء
....
sabates

جزمة كاوتشوك
....
botes de goma

سروال داخلي
....
calçotets

صدّارة
....
sostenidor

قميص داخلي
....
samarreta sense mànigues

لباس ملاصق للجسم

bodi

بنطلون

pantalons

جينز

jeans

تنورة

faldeta

بلوزة

brusa

قميص

camisa

سترة قطنية

jersei tancat

كنزة كم طويل

dessuadora

سترة فضفاضة

blazer

سترة

jaqueta

معطف

abric

معطف مطري

impermeable

زي - طقم نسائي

vestit de dona

ثوب

vestit

ثوب الزفاف

vestit de núvia

ثياب - roba

	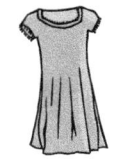	
طقم	قميص نوم	بيجاما
vestit d'home	camisa de dormir	pijama

ساري	حجاب	عمامة
sari	mocador de coll	turbant

برقع	قفطان	عباءة
burca	caftan	abaia

مايوه	سروال سباحة	شرت
vestit de bany	vestit de bany	pantalons curts

بدلة رياضية	مئزر	قفازات
xandall	davantal	guants

ثياب - roba

زر

botó

نظّارة

ulleres

إسوارة

braçalet

عقد

collaret

خاتم

anell

قرط

orellera

طاقيّة

casquet

علاقة ثياب

penjador

قبّعة

barret

ربطة العنق

corbata

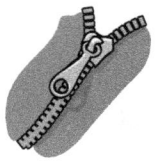

سحّاب

cremallera

خوذة

casc

حمّالة البنطلون

elàstics

اللباس المدرسي

uniforme escolar

زي موحّد

uniforme

مريلة الأطفال
pitet

مصّاصة
xucleta

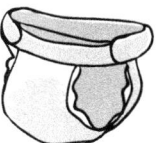
لفافة
bolquers

مكتب
oficina

المخدّم / servidor
خزانة الملفات / armari arxivador
طابعة / impressora
ورقة / paper
شاشة / monitor
فارة / ratolí
ملف / arxivador
طاولة المكتب / escriptori
لوحة المفاتيح / teclat
كرسي / cadira
قمامة / paperera
حاسوب / ordinador

كأس من القهوة
tassa de cafè

الآلة الحاسبة
calculadora

الإنترنت
Internet

مكتب - oficina 49

الحاسوب المحمول

ordinador portàtil

رسالة

lletra

خبر

missatge

الهاتف المحمول

mòbil

شبكة

xarxa

جهاز تصوير

fotocopiadora

البرمجيات

programari

هاتف

telèfon

مقبس كهربائي

presa de corrent

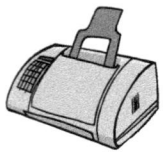

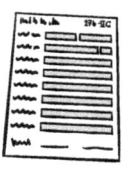

فاكس

fax

استمارة

formulari

وثيقة

document

اقتصاد
economia

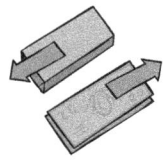

يشتري

comprar

يدفع

pagar

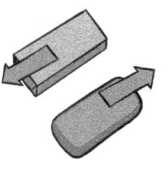

يتاجر

comerciar

مال

diners

دولار

dòlar

يورو

euro

ين

ien

روبل

ruble

فرنك سويسري

franc suís

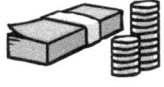

يوان

renminbi yuan

روبية

rupia

صرّاف آلي

caixer automàtic

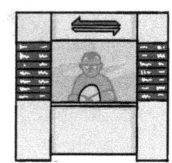
مكتب صرافة
oficina de canvi

ذهب
or

فضة
argent

نفط
petroli

طاقة
energia

سعر
preu

عقد
contracte

ضريبة
impost

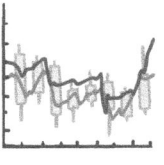
سهم
acció

يعمل
treballar

موظف
treballador

رب العمل
empresari

مصنع
fàbrica

متجر
botiga

اقتصاد - economia

المِهَن
oficis

الشرطي
oficial de policia
رجل إطفاء
bomber
طبّاخ
cuiner
الطبيب
doctor
طيّار
pilot

بستاني

jardiner

نجّار

fuster

خيّاطة

costurer

قاض

jutge

كيميائي

químic

ممثل

actor

المِهَن - oficis 53

سائق حافلة	سائق تاكسي	صياد سمك
conductor d'autobús	taxista	pescador

أجيرة للتنظيف	بنّاء سقف	نادل
dona de la neteja	ensostrador	cambrer

صيّاد	رسّام	خباز
caçador	pintor	forner

كهربائي	عامل بناء	مهندس
electricista	obrer de la construcció	enginyer

لحّام	سمكري	ساعي البريد
carnisser	llanterner	correu

المِهَن - oficis

جندي
soldat

مهندس معماري
arquitecte

أمين صندوق
caixer

بائع الزهور
florista

حلاق
perruquer

مراقب القطار
revisor

ميكانيكي
mecànic

قبطان
capità

طبيب أسنان
dentista

رجل العلم
científic

حاخام
rabí

إمام
imam

راهب
monjo

كاهن
cura

عدة عمل
eines

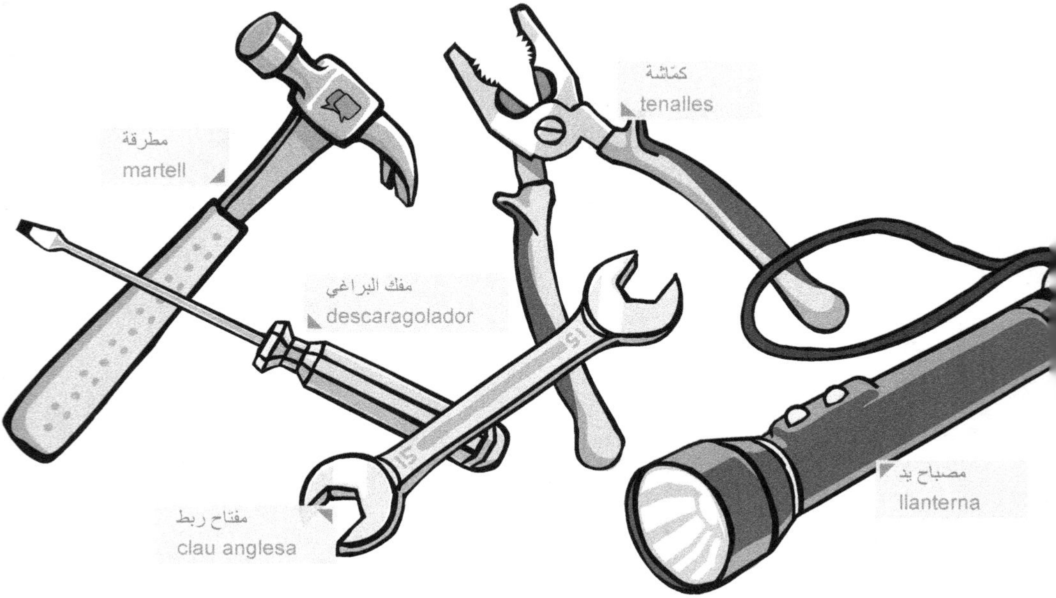

كَمّاشة
tenalles

مطرقة
martell

مفك البراغي
descaragolador

مفتاح ربط
clau anglesa

مصباح يد
llanterna

جرافة
excavadora

صندوق العدة
caixa d'eines

سُلّم
escala

مِنشار
serra

مسامير
claus

مِثقب
trepant

يصلح
reparar

مجرفة
pala

اللعنة
Maleït siga!

لقاطة الكناسة
pala

سطل الألوان
pot de pintura

براغي
caragols

آلات موسيقية
instrument de música

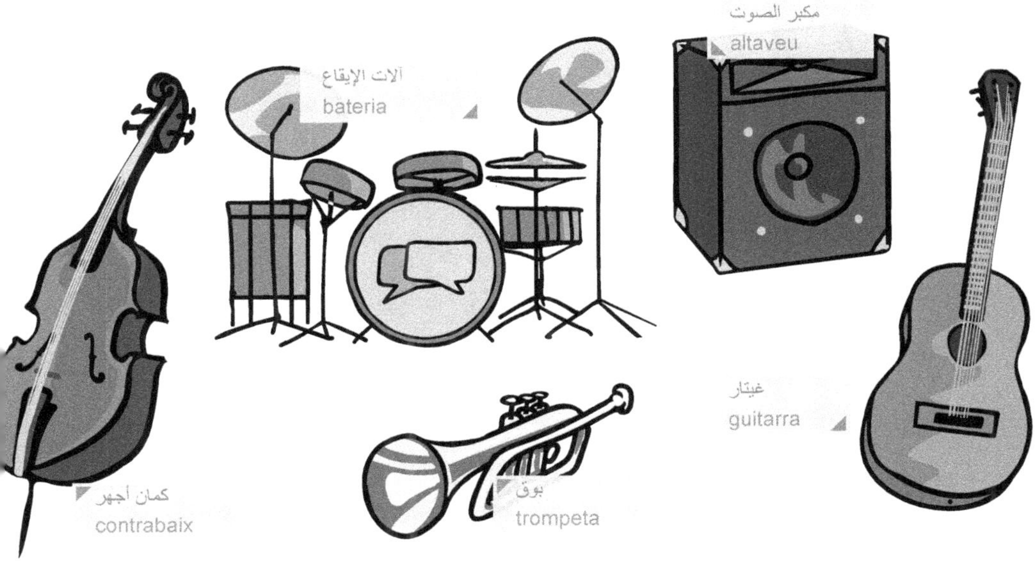

آلات الإيقاع
bateria

مكبر الصوت
altaveu

كمان أجهر
contrabaix

بوق
trompeta

غيتار
guitarra

instrument de música - آلات موسيقية

بيانو
piano

كمنجة
violí

جهير
baix

طبل كبير
timbal

طبل
tambor

بيانو كهربائي
teclat

ساكسوفون
saxofon

ناي
flauta

ميكروفون
micròfon

instrument de música - آلات موسيقية

حديقة حيوانات
ZOO

- نمر / tigre
- مدخل / entrada
- قفص / gàbia
- حمار الوحش / zebra
- علف للحيوانات / aliment per a animals
- دب باندا / ós panda

حيوانات
animals

فيل
elefant

كنغر
cangurú

وحيد القرن
rinoceront

غوريلا
goril·la

دب
ós

zoo - حديقة حيوانات

جمل

camell

نعامة

estruç

أسد

lleó

قرد

simi

طائر فلامينغو

flamenc

ببغاء

papagai

دب قطبي

ós polar

بطريق

pingüí

سمك القرش

ca mari

طاووس

paó

أفعى

serp

تمساح

cocodril

حارس في حديقة الحيوان

guardià del zoo

عجل البحر

foca

نمر أمريكي مرقط

jaguar

zoo - حديقة حيوانات

فرس قزم

poni

نمر

lleopard

فرس النهر

hipopòtam

زرافة

girafa

نسر

àliga

خنزير برّي

senglar

سمك

peix

سلحفاة

tortuga

حيوان فظ البحري

morsa

ثعلب

guineu

غزال

gasela

حديقة حيوانات - zoo

رياضة
esports

كرة القدم الأمريكية - futbol americà
ركوب الدراجات - ciclisme
كرة التنس - tenis
كرة السلة - bàsquet
السباحة - natació
هوكي الجليد - hoquei sobre gel
الملاكمة - boxa

كرة القدم - futbol americà
الريشة الطائرة - bàdminton
ألعاب القوى الخفيفة - atletisme

كرة اليد - handbol
التزلج على الثلج - esquí
بولو - polo

نشاطات
activitats

يكتب / escriure	يرسم / dibuixar	يُري / mostrar
يدفع / empènyer	يعطي / donar	يأخذ / prendre

يملك
tenir

يعمل
fer

يوجد
ésser

يقف
estar dret

يركض
córrer

يسحب
estirar

يرمي
llençar

يقع
caure

يستلقي
jeure

ينتظر
esperar

يحمل
portar

يجلس
asseure's

يلبس
vestir-se

ينام
dormir

يستيقظ
despertar-se

نشاطات - activitats

ينظر إلى ..

mirar

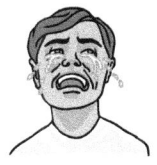

يبكي

plorar

يمسّد

picar

يمشّط

pentinar

يتكلم

parlar

يفهم

comprendre

يسأل

demanar

يسمع

escoltar

يشرب

beure

يأكل

menjar

يرتب

endreçar

يحب

estimar

يطبخ

cuinar

يقود

conduir

يطير

volar

activitats - نشاطات

يبحر بزورق شراعي

navegar

يحسب

calcular

يقرأ

llegir

يتعلم

aprendre

يعمل

treballar

يتزوج

casar-se

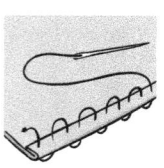

يخيط

cosir

ينظف أسنانه

raspallar-se les dents

يقتل

matar

يدخّن

fumar

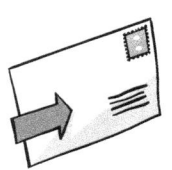

يرسل

enviar

عائلة
família

- جدّة / àvia
- جدّ / avi
- أب / pare
- أم / mare
- الطفل / nadó
- ابنة / filla
- ابن / fill

ضيف
convidat

عمّة / خالة
tia

عمّ / خال
oncle

أخ
germà

أخت
germana

الجسم
cos

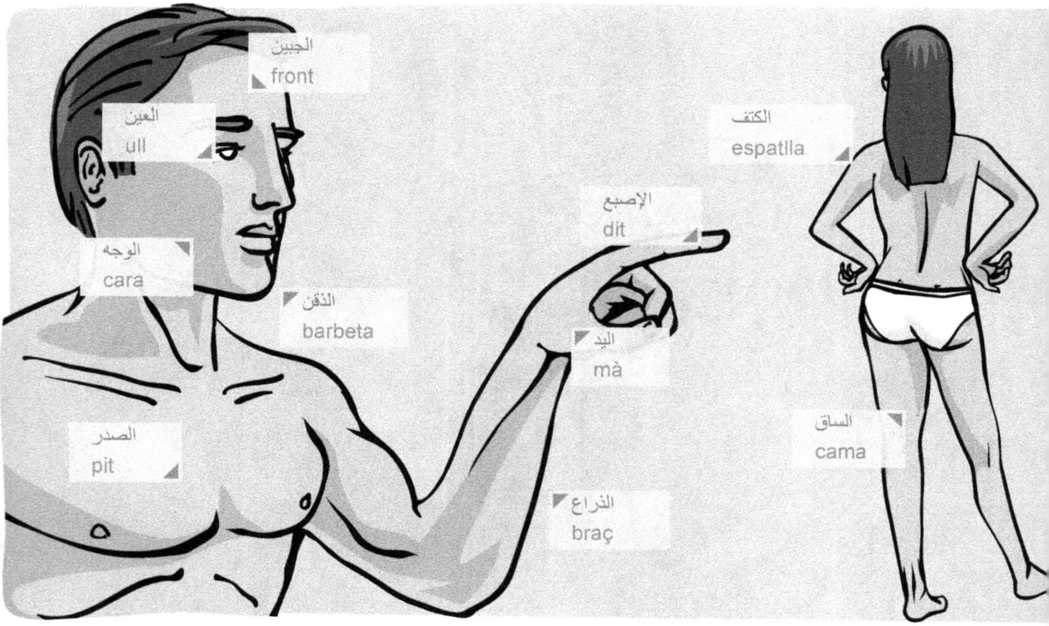

الجبين / front
العين / ull
الوجه / cara
الذقن / barbeta
الصدر / pit
الكتف / espatlla
الإصبع / dit
اليد / mà
الساق / cama
الذراع / braç

الطفل
nadó

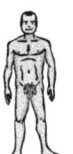
الرجل
home

المرأة
dona

البنت
noia

الولد
noi

الرأس
cap

الظهر

esquena

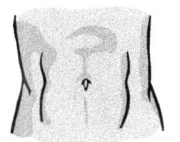

البطن

panxa

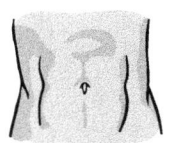

السرّة

melic

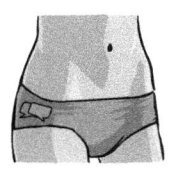

إصبع القدم

dit gros del peu

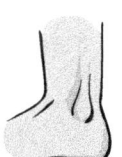

الكعب

taló

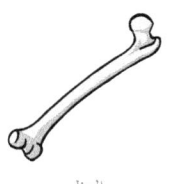

العظم

os

الورك

maluc

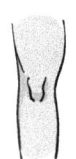

الركبة

genoll

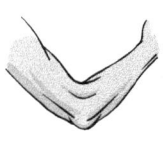

المرفق

colze

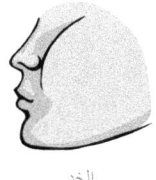

الأنف

nas

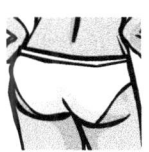

العَجُز

cul

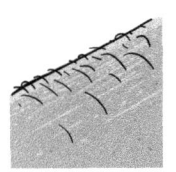

البشرة

pell

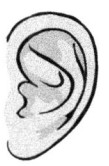

الخد

galta

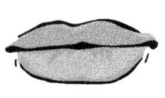

الأذن

orella

الشفة

llavi

الفم
boca

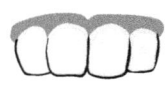
السن
dent

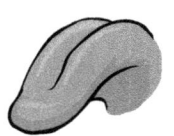
اللسان
llengua

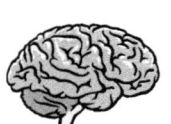
الدماغ
cervell

القلب
cor

العضلة
múscul

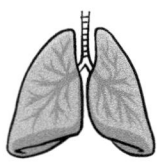
الرئة
pulmó

الكبد
fetge

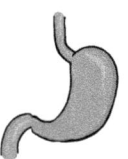
المعدة
estómac

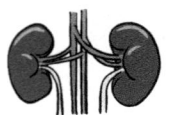
الكلى
ronyó

الاتصال الجنسي
sexe

الواقي المطاطي
condom

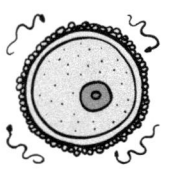
البويضة
ovari

المنيّ
semen

الحمل
prenyat

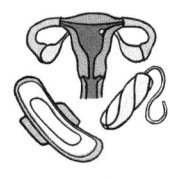

الحيض

menstruació

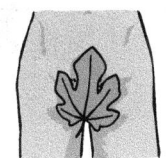

المهبل

vagina

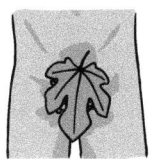

القضيب

penis

الحاجب

cella

الشعر

cabells

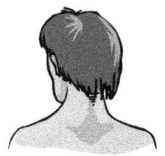

الرقبة

coll

المستشفى
hospital

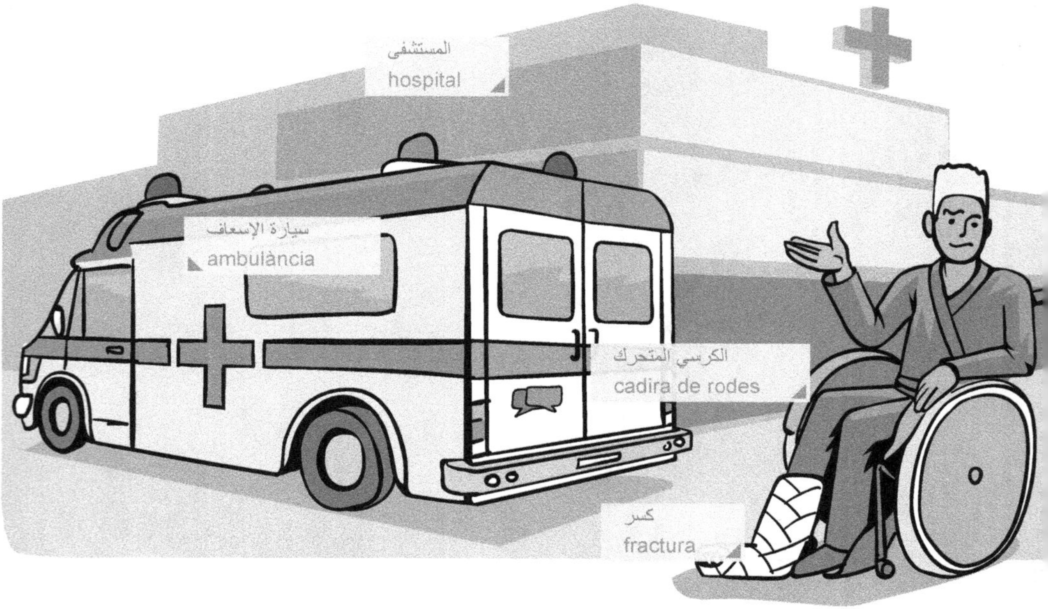

المستشفى
hospital

سيارة الإسعاف
ambulància

الكرسي المتحرك
cadira de rodes

كسر
fractura

الطبيب
doctor

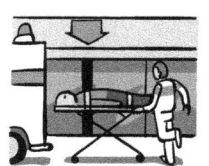

غرفة الإسعاف
sala d'urgències

الممرضة
infermera

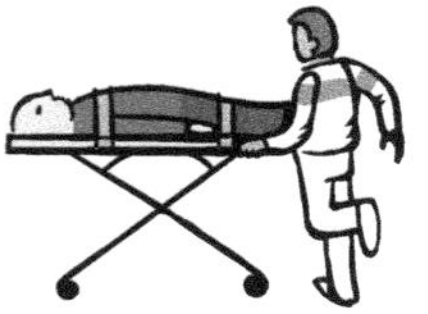

حالة
urgència

مغمى عليه
inconscient

الألم
dolor

إصابة

ferida

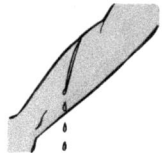

النزيف

sagnament

احتشاء القلب

atac de cor

جلطة

apoplexia

حساسية

al·lèrgia

السعال

tos

الحُمّى

febre

إنفلونزا

grip

الإسهال

diarrea

وجع الرأس

mal de cap

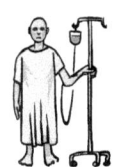

السرطان

càncer

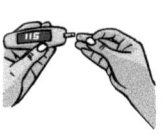

مرض السكر

diabetis

جرّاح

cirurgià

مبضع

escalpel

عملية

operació

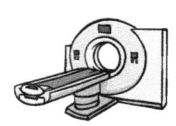

سيتي سكان

....

TAC

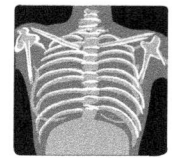

الأشعة السينية

....

raigs x

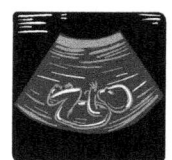

فوق الصوتي

....

ultrasò

القناع

....

mascareta

المرض

....

malaltia

غرفة الانتظار

....

sala d'espera

العُكاز

....

crossa

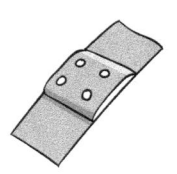

شريط لاصق

....

tireta

ضماد

....

embenat

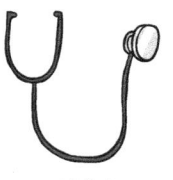

حقنة

....

injecció

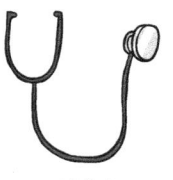

سمّاعة الطبيب

....

estetoscopi

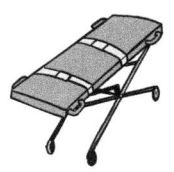

نقالة

....

llitera

ميزان حرارة

....

termòmetre clínic

ولادة

....

naixement

وزن زائد

....

sobrepès

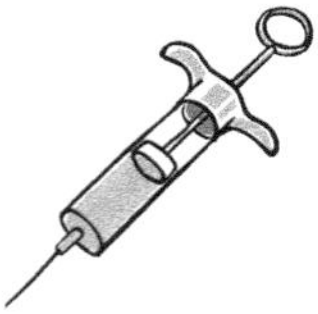

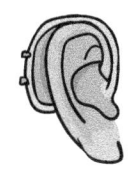

جهاز السمع

audiòfon

المواد المعقمة

desinfectant

عدوى

infecció

فيروس

virus

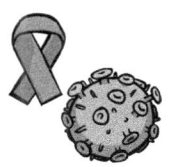

الإيدز

VIH / SIDA

الطب

medicina

اللقاح

vaccí

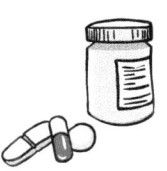

أقراص الدواء

píndoles

حبّة الدواء

pastilla

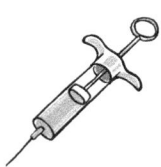

نداء النجدة

trucada d'urgència

مقياس ضغط الدم

tensiòmetre

مريض / صحيح

malalt / sa

حالة
urgència

النجدة!
Socors!

إنذار
alarma

اعتداء
assalt

هجوم
atac

خطر
perill

مخرج طوارئ
sortida d'urgència

حريق!
Foc!

جهاز الإطفاء
extintor

حادث
accident

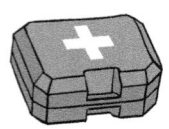

حقيبة الإسعاف الأولي
farmaciola de primers auxilis

أنقذونا
SOS

الشرطة
policia

أرض

terra

أوروبا

Europa

أمريكا الشمالية

Amèrica del Nord

أمريكا الجنوبية

Amèrica del Sud

أفريقيا

Àfrica

آسيا

Àsia

أستراليا

Austràlia

المحيط الأطلسي

Atlàntic

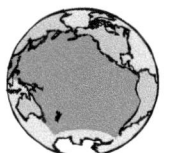

المحيط الهادي

Pacífic

المحيط الهندي

Oceà Índic

المحيط المتجمد الجنوبي

Oceà Antàrtic

المحيط المتجمد الشمالي

Oceà Àrtic

القطب الشمالي

pol nord

القطب الجنوبي
pol sud

منطقة القطب الجنوبي
Antàrtida

أرض
terra

بر
país

بحر
mar

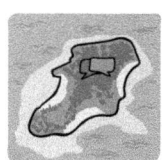
جزيرة
illa

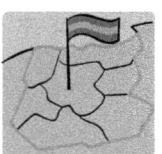
أمة
nació

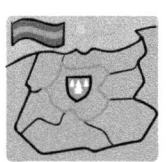
دولة
estat

ساعة
rellotge

ميناء الساعة

quadrant

عقرب الساعات

agulla de les hores

عقرب الدقائق

agulla dels minuts

عقرب الثواني

agulla dels segons

كم الساعة الآن؟

Quina hora és?

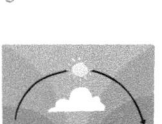

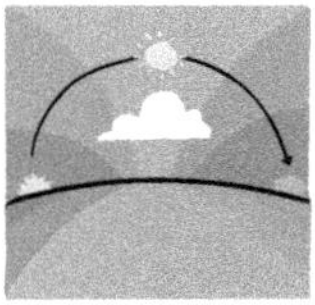

يوم

dia

زمن

temps

الآن

ara

ساعة رقمية

rellotge digital

دقيقة

minut

ساعة

hora

أسبوع

setmana

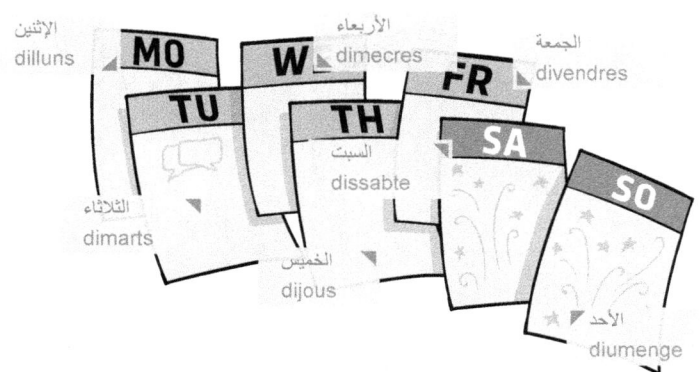

الإثنين
dilluns

الثلاثاء
dimarts

الأربعاء
dimecres

الخميس
dijous

الجمعة
divendres

السبت
dissabte

الأحد
diumenge

الأمس

ahir

اليوم

avui

غداً

demà

الصباح

matí

الظهر

migdia

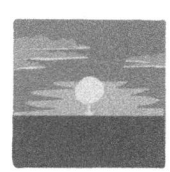

المساء

tarda

أيام العمل

dia feiner

نهاية الأسبوع

cap de setmana

سنة
any

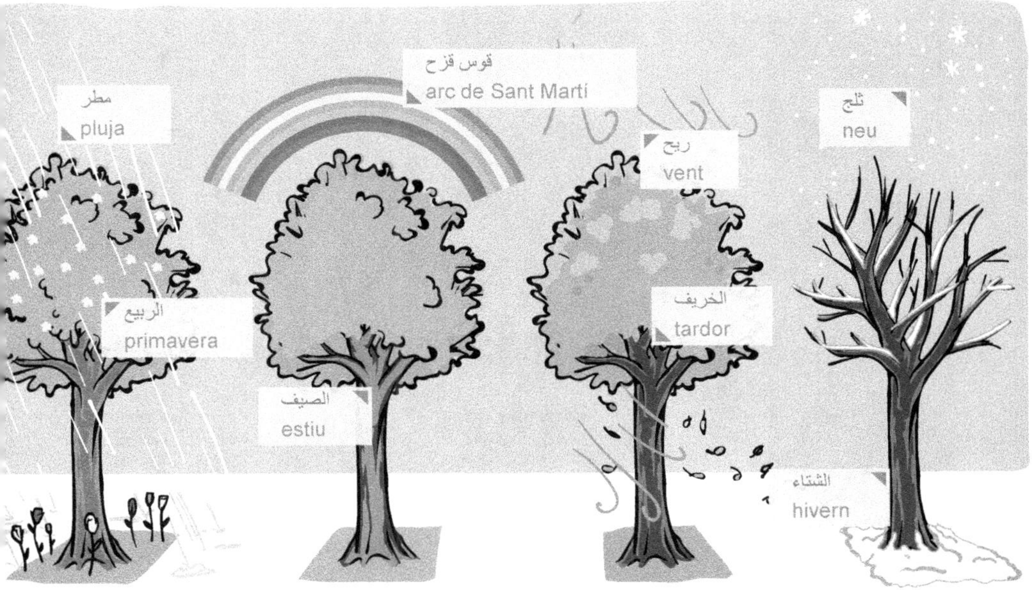

مطر / pluja
قوس قزح / arc de Sant Martí
ريح / vent
ثلج / neu
الربيع / primavera
الصيف / estiu
الخريف / tardor
الشتاء / hivern

التنبؤ بالحالة الجوية
pronòstic del temps

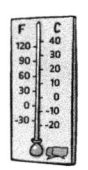

مقياس حرارة
termòmetre

ضوء الشمس
llum del sol

سحابة
núvol

ضباب
boira

رطوبة الجو
humitat de l'aire

برق

llamp

رعد

tro

عاصفة

tempesta

بَرَد

calamarsa

ريح موسمية

monsó

طوفان

inundació

جليد

gel

كانون الثاني / يناير

gener

شباط / فبراير

febrer

آذار / مارس

març

نيسان / أبريل

abril

أيار / مايو

maig

حزيران / يونيو

juny

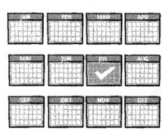

تموز / يوليو

juliol

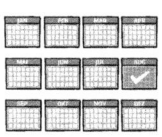

آب / أغسطس

agost

سنة - any

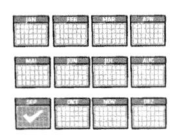
أيلول / سبتمبر
setembre

تشرين الأول / أكتوبر
octubre

تشرين الثاني / نوفمبر
novembre

كانون الأول / ديسمبر
desembre

أشكال
formes

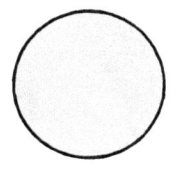
دائرة
cercle

مربّع
quadrat

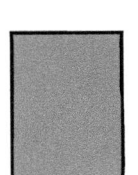
مستطيل
rectangle

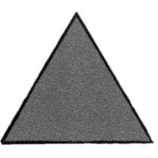
مثلث
triangle

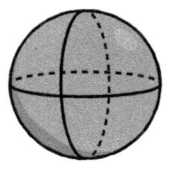
كرة
esfera

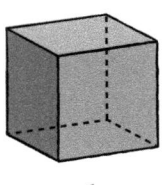
مكعب
cub

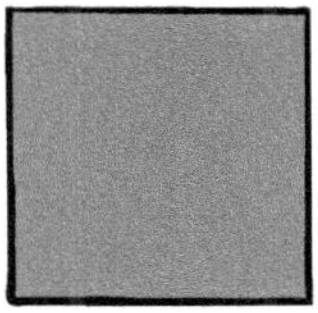

ألوان
colors

أبيض
blanc

أصفر
groc

برتقالي
taronja

وردي
rosa

أحمر
vermell

بنفسجي
lila

أزرق
blau

أخضر
verd

بنّي
marró

رمادي
gris

أسود
negre

الأضداد
oposats

كثير / قليل

molt / poc

غضبان / هادئ

emprenyat / tranquil

جميل / قبيح

bonic / lleig

بداية / نهاية

començament / fi

كبير / صغير

gran / petit

فاتح / قاتم

clar / fosc

أخ / أخت

germà / germana

نظيف / وسخ

net / brut

كامل / ناقص

complet / incomplet

نهار / ليل

dia / nit

ميت / حيّ

mort / viu

عريض / ضيّق

ample / estret

صالح للأكل / غير صالح

comestible / immenjable

شرّير / لطيف

dolent / amable

مثير / ممل

entusiasmat / entediat

سمين / نحيف

gros / prim

أولا / أخيراً

primer / darrer

صديق / عدو

amic / enemic

مليء / فارغ

ple / buit

صلب / ليّن

dur / tou

ثقيل / خفيف

pesant / lleuger

جوع / عطش

gana / set

مريض / صحيح

malalt / sa

غير شرعي / شرعي

il·legal / legal

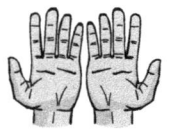

ذكي / غبي

intel·ligent / ximple

يسار / يمين

esquerra / dreta

قريب / بعيد

prop / llunyà

جديد / مستعمل

nou / usat

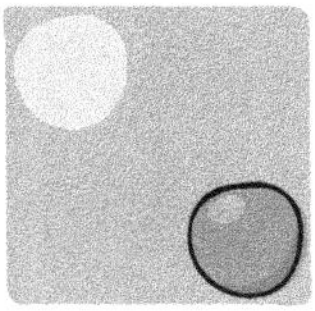

لا شيء / بعض الشيء

res / quelcom

مسن / شاب

vell / jove

يشعل / يطفئ

encès / apagat

مفتوح / مغلق

obert / tancat

خافت / عال

silenciós / sorollós

غني / فقير

ric / pobre

صح / خطأ

correcte / incorrecte

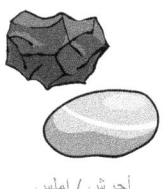

أحرش / املس

aspre / suau

حزين / سعيد

trist / content

قصير / طويل

curt / llarg

بطيء / سريع

lent / ràpid

مبلول / جاف

humid / sec - eixut

ساخن / بارد

calent / fred

حرب / سلم

guerra / pau

أرقام
nombres

0 صفر — zero	**1** واحد — u	**2** اثنان — dos
3 ثلاثة — tres	**4** أربعة — quatre	**5** خمسة — cinc
6 ستة — sis	**7** سبعة — set	**8** ثمانية — vuit
9 تسعة — nou	**10** عشرة — deu	**11** أحد عشر — onze

12 اثنا عشر dotze	**13** ثلاثة عشر tretze	**14** أربعة عشر catorze
15 خمسة عشر quinze	**16** ستة عشر setze	**17** سبعة عشر disset
18 ثمانية عشر divuit	**19** تسعة عشر dinou	**20** عشرون vint
100 مائة cent	**1.000** ألف mil	**1.000.000** مليون milió

أرقام - nombres

اللغات
idiomes

الإنكليزية

anglès

الإنكليزية الأمريكية

anglès americà

لغة ماندارين الصينية

xinès mandarí

الهندية

hindi

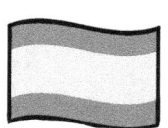

الإسبانية

espanyol

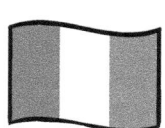

الفرنسية

francès

العربية

aràbic

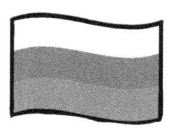

الروسية

rus

البرتغالية

portuguès

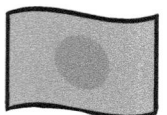

البنغالية

bengalí

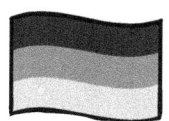

الألمانية

alemany

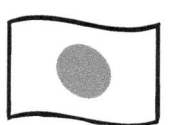

اليابانية

japonès

من / ماذا / كيف
qui / què / com

أنا
jo

أنت
tu

هو / هي
ell / ella / allò

نحن
nosaltres

أنتم
vosaltres

هم
ells

من؟
qui?

ماذا؟
què?

كيف؟
com?

أين؟
on?

متى؟
quan?

اسم
nom

أين
on

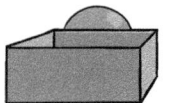

خلف
darrere

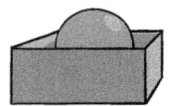

في
en

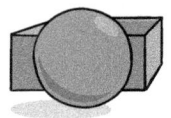

أمام
davant de

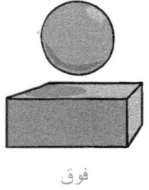

فوق
sobre

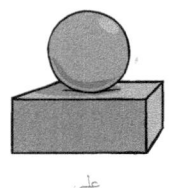

على
a

تحت
sota

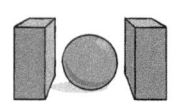

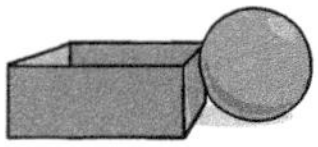

جنب
al costat

بين
entre

مكان
lloc

CPSIA information can be obtained
at www.ICGtesting.com
Printed in the USA
LVHW012303121020
668650LV00004B/328

9 783752 205237